SADDAM HUSSEIN

Ascension et chute du dictateur irakien

Par Mylène Théliol

50MINUTES.fr

SADDAM HUSSEIN

INTRODUCTION

Au cours du XXe siècle, les dictateurs ont été nombreux à s'extirper de l'ombre et à mettre sur le devant de la scène leur propre vision politique du monde en favorisant l'expansion territoriale et économique de leur pays. À l'instar de l'Allemagne ou de l'URSS, le monde arabo-musulman a lui aussi connu la prédominance d'un homme d'État, Saddam Hussein, aux idées impérialistes basées sur la volonté de dominer les pays arabes et d'affirmer son pays, l'Irak, comme la nouvelle Babylone antique.

Issu d'un milieu rural pauvre, Saddam Hussein parvient à se hisser au sommet du pouvoir. L'homme fort du Moyen-Orient se veut l'ambassadeur des idées panarabes et le défenseur de la laïcité républicaine arabe face à la montée croissante d'un islamisme extrémiste qui gangrène le pays voisin, l'Iran, et qui inspire la crainte à l'ensemble des pays occidentaux et arabo-musulmans. Pour freiner cette influence, il met en place une dictature personnelle et autoritaire en Irak, s'appuyant sur sa famille et sa tribu, le clan sunnite, et s'opposant aux chiites, trop religieux, ainsi qu'aux Kurdes, trop indépendantistes.

Durant plus de 20 ans, il impose un régime politique mêlant les concepts dictatoriaux soviétiques et nazis à ceux issus des idéologies arabes et tribales. Son autorité sur le Moyen-Orient le conduit à rentrer en guerre contre l'Iran, à s'arroger un territoire indépendant, le Koweït, ne craignant ni les contestations internationales ni celles des États-Unis. Les erreurs de stratégie militaire qu'il commet à partir des années quatre-vingt-dix l'amputent de son pouvoir directionnel de l'Irak qui sombre petit à petit dans le chaos...

DONNÉES CLÉS

- **Naissance ?** Le 28 avril 1939 à al-Awdjah, un village proche de Bagdad (Irak).
- **Mort ?** Exécuté le 30 décembre 2006 à Bagdad.
- **Carrière ?**
  - Vice-président de la république d'Irak entre 1971 et 1979.
  - Militaire et président de la république d'Irak de 1979 à 2003.
- **Événements majeurs ?**
  - Mise en place d'une dictature personnelle et autoritaire en Irak entre 1979 et 2003.
  - La guerre Iran-Irak (1980-1989).
  - La seconde guerre du Golfe (1990-1991).

BIOGRAPHIE DE SADDAM HUSSEIN

L'ENGAGEMENT DANS LE PARTI BAAS

Saddam Hussein est né dans un petit village de province, al-Awdjah, proche de la capitale irakienne. Il grandit dans une famille paysanne pauvre sans père, mais avec comme tuteur un beau-père violent. À l'adolescence, il est recueilli à Bagdad par son oncle, Khairallah Talfah (1910-1993), membre du Parti Baas.

LE PARTI BAAS

Le Parti Baas est un parti politique panarabe, socialiste et laïc, fondé en Syrie en 1944 par Michel Aflak (homme politique syrien, 1910-1989) et Ṣalah al Din Bitar (homme politique syrien, 1912-1980). L'idéologie baasiste consiste en la réalisation de l'unité arabe par la suppression des frontières, afin de permettre la mise en commun des ressources de chaque pays. Mais le parti, s'il adhère aux idées socialistes, refuse le communisme et sa notion de lutte des classes ainsi que ses restrictions de liberté. L'islam est reconnu comme une valeur essentielle de la culture arabe, mais la religion est uniquement cantonnée au cadre de la vie privée.

À la fin de ses études secondaires, Saddam Hussein rejoint le Parti Baas et participe au coup d'État avorté contre le roi Fayçal II (1935-1958) en 1956. Deux ans plus tard, un autre groupe, sous la direction du général Abdel Karim Kassem (1914-1963), un officier communiste, parvient à détrôner le monarque qui est exécuté avec une grande partie de sa famille.

Après avoir fait ses preuves lors du coup d'État de 1956, Saddam Hussein devient membre actif du parti. En 1959, il est sélectionné avec une dizaine d'autres étudiants pour participer au projet d'assassinat du général Kassem, mais, blessé au cours de la tentative, il se réfugie pendant un an à Damas où il fait la connaissance de Michel Aflak, le théoricien du Parti Baas. En 1961, il quitte Damas pour Le Caire afin de terminer ses études secondaires. Il reste cependant un fervent activiste du parti politique qui réussit, le 8 février 1963, à renverser le général Kassem pour mettre au pouvoir le général Abdel Salam Aref (1921-1966), l'ancien Premier ministre de Kassem. Mais l'éviction rapide du Parti Baas du régime oblige Saddam Hussein à replonger dans la clandestinité. Il devient, à ce moment-là, membre et secrétaire du commandement régional du parti aux côtés d'Ahmad Hassan al-Bakr.

Après avoir été emprisonné pendant deux ans (1964-1966) pour avoir tenté d'assassiner le président, il revient en force pour préparer le coup d'État de juillet 1968 qui voit l'accession au pouvoir du général Hassan al-Bakr. Saddam Hussein reçoit alors la mission d'organiser les milices chargées de pourchasser les opposants au nouveau régime que sont les communistes et les nassériens (fervents défenseurs de la pensée du président égyptien Gamal Abdel Nasser). En 1969, il est nommé vice-président du Conseil de commandement de la révolution et devient l'homme fort du régime.

LA PRISE DE POUVOIR

Le 16 juillet 1979, à la suite de la démission du vieux maréchal Hassan al-Bakr pour raison de santé, Saddam Hussein, qui regroupe entre ses mains tous les pouvoirs en Irak, est élu président de la République, secrétaire général adjoint du Commandement national du Baas, secrétaire général du commandement régional et président du Conseil de commandement de la révolution. Cette prise de pouvoir s'accompagne, le 28 juillet 1979, d'une purge sanglante de son entourage (21 exécutions) à la suite d'un soi-disant complot contre lui au sein du Baas.

Durant une vingtaine d'années, Saddam Hussein mènera l'Irak d'une main de fer, instaurant un régime fondé sur la terreur. Afin de contrôler la population, il use à souhait de la propagande et des médias. Il inonde l'espace public de son portrait, développant un véritable culte de sa personnalité. Parallèlement, les opposants au régime sont traqués et emprisonnés, voire exécutés.

Sur la scène internationale, l'Irak de Saddam Hussein gagne rapidement en importance. Cela est en partie dû aux revenus du pétrole, mais aussi au soutien des pays occidentaux et de l'URSS et à celui des différents partis socialistes mondiaux. Après la révolution islamique d'Iran (1979) qui isole diplomatiquement ce pays, l'Irak est perçu par l'Occident comme une force stabilisatrice pour la région. C'est en effet elle qui fait barrage aux revendications islamiques sur les richesses pétrolifères du golfe Persique. L'Irak reçoit ainsi de l'aide militaire et technologique de la part de la France, de l'URSS et des États-Unis pour limiter l'expansion de la révolution initiée en Iran. De son côté, le nouveau raïs rêve de faire de son pays un État fort, la première puissance militaire et technologique de la grande nation arabe, même s'il faut s'engager dans des combats sanglants pour y parvenir.

L'ASCENSION ET LA CHUTE DU DICTATEUR

Les relations entre l'Iran et l'Irak ont toujours été conflictuelles depuis les années trente, en raison des revendications des deux pays sur la région du Chatt al-Arab, riche en pétrole, et sur le monopole des eaux du fleuve éponyme qui sert de frontière entre les deux États. L'accord d'Alger de 1975, qui prévoyait de légères modifications territoriales au profit de l'Iran, n'est pas approuvé par Saddam Hussein qui veut non seulement étendre l'hégémonie de son pays sur l'ensemble du golfe Persique, mais aussi mettre un frein à l'expansion menaçante de la révolution islamique iranienne. Profitant de quelques querelles frontalières, il lance une vaste opération militaire, le 22 juillet 1980, afin d'envahir le Khouzistan (province iranienne frontalière avec l'Irak) et renverser le pouvoir religieux en place à Téhéran.

Le conflit qui s'installe entre les deux États dure huit ans et prend fin le 18 août 1988 avec le cessez-le-feu imposé par l'Organisation des Nations unies, qu'accepte finalement l'Iran. À la fin de la guerre, les deux États sont exsangues : leur économie est vacillante et les pertes humaines, notamment chez les Kurdes, sont innombrables. Cependant, pour Saddam Hussein, le fait que l'Iran ait cédé en premier sous la pression internationale marque la victoire de l'Irak, bien que, sur le terrain, l'accord d'Alger prévale toujours.

Malgré une économie très affaiblie, l'Irak se lance dans une politique de rapprochement avec les pays arabes du Moyen-Orient et s'oppose à Israël par la menace militaire. Saddam Hussein se veut le défenseur de la cause arabe en créant, à Bagdad, le 16 février 1989, le Conseil de coopération arabe. Celui-ci réunit, autour de l'Irak, l'Égypte, la Jordanie et le Yémen du Nord. Son intention est de regrouper des pays qui n'appartiennent ni au Conseil de coopération du Golfe ni à l'Union du Maghreb arabe (fondé le 17 février 1989) et qui sont isolés lors des votes au sein de la Ligue arabe.

LE CONSEIL DE COOPÉRATION DU GOLFE ET LA LIGUE ARABE

Le Conseil de coopération du Golfe est une organisation régionale composée de six membres : l'Arabie saoudite, le Bahreïn, les Émirats arabes unis, le Koweït, l'Oman et le Qatar. Il a été créé le 26 mai 1981 à l'initiative de l'Arabie saoudite pour contrer les débordements possibles de la révolution islamique iranienne et limiter les retombées de la guerre Iran-Irak sur les monarchies pétrolières du golfe Persique.

La Ligue arabe, quant à elle, est une organisation créée le 22 mars 1945 au Caire sous l'égide du Royaume-Uni, qui regroupe l'Égypte, l'Arabie saoudite, le Liban, la Syrie, l'Irak, le Yémen et la Jordanie. Elle a pour but l'affirmation et l'unification de la nation arabe et l'indépendance de chacun de ses membres. Au fur et à mesure de leur accession à l'indépendance, les autres États du monde arabe adhèrent à cette organisation, qui compte de plus en plus de pays.

Mais, pour permettre à l'Irak de devenir une nouvelle Babylone, Saddam Hussein doit maintenir une économie forte. Or ce pari est freiné par la dette colossale de 15 milliards de dollars à rembourser au Koweït, ainsi que par l'augmentation du prix du baril que ce dernier pays favorise à cause de son rendement exponentiel d'extraction pétrolière. Saddam Hussein n'a plus d'autre choix que de négocier avec l'émir du Koweït pour alléger sa dette. Les discussions n'aboutissant à rien, le raïs irakien décide de faire main basse sur ce petit émirat, qui était intégré à l'Irak avant 1961. Ne faisant pas grand cas de la réaction des États-Unis, alliés du Koweït et défenseurs des

États indépendants en lutte contre le communisme et l'expansion fondamentaliste islamique, Saddam Hussein donne l'ordre d'envahir son voisin dans la nuit du 1er au 2 août 1990.

Les réactions internationales sont immédiates. L'ONU, par une série de résolutions, demande le retrait immédiat et complet des forces irakiennes de l'émirat, tandis que la Ligue arabe condamne, elle aussi, la conquête irakienne. Saddam Hussein ne cède pas devant la menace, maintient ses forces sur place et finit par annexer le Koweït. L'ONU n'a plus qu'une seule solution : intervenir de force. Le 29 novembre 1990, le Conseil de sécurité adopte la résolution 678 autorisant les alliés à user de tous les moyens, après le 15 janvier, pour obliger l'agresseur à se retirer du Koweït. Le 17 janvier, l'opération « Tempête du désert » est déclenchée. Elle dure jusqu'au 24 février, date à laquelle l'offensive terrestre menée sur le terrain par les armées américaines et européennes parvient à faire céder Saddam Hussein. Un cessez-le-feu est instauré le 3 mars 1991.

Le président irakien est obligé d'accepter la résolution de l'ONU qui autorise l'Agence internationale de l'énergie atomique à procéder à la destruction des armes chimiques, biologiques et balistiques que l'Irak avait en sa possession. Une autre résolution (n° 715) permet le contrôle permanent des installations civiles et militaires susceptibles de fabriquer des armes de destruction massive. Les missions de contrôle se succèdent ainsi sur le territoire irakien. De plus, un embargo économique et pétrolier, un blocus aérien et maritime, le désarmement forcé doublé d'une surveillance à long terme de son industrie militaire, ainsi que le paiement de réparations de guerre lui sont imposés par le Conseil de sécurité. Le désarmement systématique de l'Irak est maintenu jusqu'en 2002 malgré certaines tentatives menées par Saddam Hussein – en 1998 notamment –, mais vite réduites à néant par les bombardements américains et britanniques sur plusieurs sites militaires du pays. Si les États-Unis et le Royaume-Uni laissent le président en place, il est toutefois surveillé de très près.

Finalement, voyant que le processus de désarmement est voué à l'échec en dépit de la coopération réelle de Bagdad, Américains et Britanniques se préparent à mener une nouvelle guerre. Cette guerre préventive est largement critiquée par la France et l'Allemagne qui n'y participent pas. Le 9 avril 2003, l'Irak est attaqué par les troupes armées américano-britanniques : Bagdad est pris d'assaut. Le dictateur se réfugie à Tikrit, où il est arrêté le 14 décembre 2003 puis emprisonné.

LES DERNIÈRES HEURES DU RAÏS

La chute de Bagdad, le 9 avril 2003, marque la fin officielle du régime de Saddam Hussein et sa fuite. Après plusieurs mois passés dans la clandestinité, il est arrêté par l'armée américaine à Tikrit dans la nuit du 13 au 14 décembre 2003 et est emprisonné jusqu'à son procès. Il est rapide-ment exhibé aux médias par l'armée américaine dans l'objectif de miner le moral des groupes armés proches du Parti Baas.

C'est le Tribunal spécial irakien, créé pour arbitrer les questions de génocide, de crimes contre l'hu-manité et de crimes de guerre perpétrés par des Irakiens entre 1968 et 2003, qui est chargé de le juger, lui ainsi que d'autres membres importants du parti. La phase préliminaire du procès a lieu à Bagdad au début du mois de juillet 2004, mais sa tenue est perturbée par de nombreuses manifestations, des assassinats ainsi que par la démission d'avocats. Ce n'est que le 19 octobre 2005 que s'ouvre réellement le procès.

Dans un premier temps, Saddam Hussein et les autres membres du parti sont jugés pour le massacre de 143 chiites commis dans le village de Doujaïl en 1982, ainsi que pour la destruction de propriétés et l'exil interne des habitants de cette ville durant quatre ans. L'inculpé n'hésite pas à défier le tribunal, mettant en cause son autorité dans cette affaire, et plaide non coupable pour le massacre. Faute de témoins, le procès est ajourné et ne reprend que le 6 décembre. Mais une fois encore, l'ex-dictateur continue de perturber son déroulement, tant par ses déclarations que par son attitude. Dans ce contexte très tendu, le juge Rizgar Amin (né en 1958) démissionne au cours du mois de janvier 2006. Il est remplacé par Rauf Rashid Abd al-Rahman (né en 1941).

Au mois de mars, Saddam Hussein est appelé à la barre par l'accusation en tant que témoin. Il se lance alors dans des déclarations politiques, prouvant qu'il se considère toujours comme le président de l'Irak, et en appelle aux Irakiens afin qu'ils cessent les violences auxquelles ils se livrent entre eux pour les inviter à combattre les troupes américaines. Le juge coupe aussitôt son micro et demande à ce que la suite de l'audience se déroule à huis clos. Quelque temps plus tard, le porte-parole du Gouvernement déclare que si Saddam Hussein est condamné à la peine capitale, la sentence pourrait être exécutée sans pour autant que les jugements pour les autres chefs d'accusation n'aient été rendus.

Le 15 mai, le raïs est formellement accusé de crimes contre l'humanité, mais il riposte et refuse de plaider. Le 19 juin, Jaafar al-Moussaoui, le procureur général du Tribunal spécial irakien, requiert la peine de mort contre l'ex-dictateur, ainsi que contre son demi-frère Barzan al-Tikriti (1951-2007) et contre l'ancien vice-président Taha Yassine Ramadan (1938-2007). Le 5 novembre, Saddam Hussein est condamné à mort par pendaison pour crimes contre l'humanité. Le 26 décembre, la sentence est confirmée par la Cour d'appel et est exécutée le 30 décembre 2006.

CONTEXTE

LA RÉPUBLIQUE DU GÉNÉRAL KASSEM EN IRAK (1958-1963)

Le 14 juillet 1958, la monarchie hachémite (les descendants de Hachim ibn Abd Manaf, l'aïeul du prophète Mahomet) en Irak est renversée par l'armée irakienne, menée par les généraux Abdel Karim Kassem et Abdel Salam Aref. Le roi Fayçal II et la famille royale sont assassinés tandis que la République est proclamée.

Kassem et Aref se partagent les attributions du pouvoir : Kassem devient Premier ministre, ministre de la Défense et commandant en chef de l'armée, tandis qu'Aref est nommé vice-Premier ministre, ministre de l'Intérieur et commandant en chef adjoint. Le Gouvernement se compose pour la majorité de militaires, et une nouvelle constitution est mise en place. Mais, rapidement, des divergences de vue quant au positionnement politique de l'Irak se font jour. Bien que se disant en faveur du nationalisme arabe, Kassem se fait surtout le défenseur de l'indépendance irakienne et du maintien de son intégrité, s'appuyant sur les chiites et les Kurdes. Aref, de son côté, est soutenu par le Parti Baas et est un fervent défenseur du panarabisme mené par le président égyptien Gamal Abdel Nasser (1918-1970). Tout oppose les deux hommes.

LE PANARABISME

Le panarabisme est un mouvement politique, culturel et idéologique qui vise à réunir et à unifier les peuples arabes et à défendre leur identité.

Le mouvement de la renaissance arabe, la Nahda, s'est développé au XIXe siècle et vise à exalter la grandeur de l'héritage arabo-musulman, et notamment l'unité qui existait sous la dynastie des Omeyyades (VII-VIIIe siècles). Après la Première Guerre mondiale (1914-1918), le sentiment nationaliste arabe est très fort, mais ce sont les accords de Sykes-Picot (1916), qui prévoient la division de l'Empire ottoman en plusieurs mandats britanniques et français, qui accélèrent la montée de ce mouvement. Celui-ci se déploie autour de deux organisations politiques :

- **le Parti Baas** (*baas* signifiant « renaissance » en arabe) incarne le renouveau du nationalisme arabe. Le parti comprend un Commandement national à l'échelle de la nation arabe, et des commandements régionaux à l'échelle de chaque pays. Le Parti Baas se développe en Syrie et en Irak, mais il est jugé trop autoritaire, et les divisions qui l'agitent font qu'il n'a qu'une portée limitée ;
- **le nassérisme** est une idéologie définie dans *Philosophie de la révolution*. Dans cet ouvrage écrit en 1953, Nasser explique que l'Égypte possède trois cercles d'appartenance fondamentale : la nation arabe, l'Afrique et le monde musulman. Le président égyptien souhaite mener une politique sociale et nationaliste visant à se lier avec les pays arabes et musulmans et à s'opposer aux puissances coloniales en Afrique. Doctrine en opposition avec le capitalisme de par sa pensée socialiste, elle l'est également avec le communisme, vu comme incompatible avec les traditions arabes.

Kassem fait arrêter Aref en décembre 1958 et le condamne à mort (il sera finalement mis en détention à perpétuité). Cette arrestation, et surtout le fait que Kassem refuse d'entrer dans une alliance arabe avec la Syrie et l'Égypte, provoque des soulèvements dans le Parti Baas, qui tente de supprimer le Premier ministre le 7 octobre 1959. Mais l'attentat échoue et, face à ces tensions, ce dernier ne peut que réprimer l'organisation qui veut sa mort. Par ailleurs, le 1er janvier 1960, il autorise la multiplication des partis politiques afin de freiner la montée en puissance du parti communiste.

Outre les tensions dans la vie politique, Kassem se heurte à la question kurde. Désireux d'obtenir leur indépendance et de nouveaux droits, les Kurdes se révoltent en effet à l'automne 1961. Ils sont cependant rapidement défaits par l'armée irakienne.

LES KURDES

Les Kurdes sont une minorité ethnique constituée d'environ 25 millions de personnes qui vivent depuis des siècles dans une région montagneuse du Moyen-Orient, le Kurdistan. Les Kurdes ne sont pas arabes, mais musulmans d'origine aryenne ; ils parlent donc leur propre langue. Le Kurdistan, partagé entre quatre États (l'Irak, l'Iran, la Syrie et la Turquie), souhaite depuis de longues années obtenir son indépendance.

Sur le plan régional, Kassem envisage d'annexer le Koweït, un ancien protectorat britannique (1899-1961) riche en pétrole. Il engage des troupes pour conquérir le pays, mais l'arrivée des forces britanniques venues porter secours au Koweït entrave ses plans.

Le Parti Baas, qui a mis à profit sa mise à l'écart pour se réorganiser, fomente un coup d'État le 8 février 1963. Son organisateur est le général Ahmad Hassan al-Bakr, déjà impliqué en 1958 dans des tentatives de complot contre Kassem. Ce dernier est arrêté et exécuté le 9 février. Abdel Salam Aref devient alors président de la République, et le général al-Bakr président du Conseil (soit Premier ministre).

LA RÉPUBLIQUE DES FRÈRES AREF (1963-1968)

Le nouveau Gouvernement baasiste mène de violents actes de répression contre les communistes et les partisans de l'ancien président Kassem. Mais le parti n'est pas unifié, ses membres se divisant essentiellement entre nassériens, désireux de suivre la doctrine panarabe de Nasser, et baasistes, désabusés quant à la réelle possibilité d'instaurer un nationalisme arabe et voulant se focaliser sur l'Irak seul. La situation se complique encore à cause des divergences avec le Baas syrien qui prend le pouvoir en Syrie avec les nassériens, suite au coup d'État du 8 mars 1963. Fatigué de ces querelles intestines, Abdel Salam Aref profite de ces désaccords pour interdire le parti en Irak en novembre 1963. Dès lors, il appuie son pouvoir sur les nassériens et se rapproche de l'Égypte. Le général al-Bakr est contraint de démissionner de ses fonctions. Le rapprochement avec l'Égypte se concrétise par un alignement de l'Irak sur la politique entreprise par Nasser, soit la mise en place de mesures sociales (les nationalisations) et le développement du socialisme.

À la mort accidentelle d'Abdel Salam Aref, le 13 avril 1966, son frère Abdel Rahman Aref (1916-2007) lui succède. Sa première mesure consiste à mettre fin à la révolte kurde qui sévit dans le nord du pays en acceptant de signer, le 29 juin 1966, un accord qui reconnaît les droits des Kurdes, qui sont désormais inscrits dans la Constitution. Le nouveau président doit également faire face à différentes tentatives de coup d'État, tant au sein de ses propres partisans que du côté de ses adversaires. Finalement, le 17 juillet 1968, le Parti Baas, à la tête duquel se trouve le général Ahmad Hassan al-Bakr, entoure le palais présidentiel. Abdel Rahman Aref se rend aussitôt.

LA PRÉSIDENCE DU GÉNÉRAL AHMAD HASSAN AL-BAKR EN IRAK (1968-1979)

Le général al-Bakr devient président de la République, et Saddam Hussein, qui a participé au coup d'État, s'impose progressivement. Sur le plan de la politique intérieure, le Gouvernement doit faire face, une nouvelle fois, à la question kurde. Leur autonomie est reconnue les 11 mars 1970 et 1974. Une région autonome du

Kurdistan est établie, mais ses délimitations ne sont pas acceptées par les leaders kurdes. Soutenus par l'Iran, Israël et les États-Unis, ils reprennent la lutte en avril 1974. Le Gouvernement irakien parvient néanmoins à reprendre la situation en main. Il négocie avec l'Iran un accord à Alger, signé le 6 mars 1975, qui prévoit la fin de l'aide militaire iranienne aux Kurdes en échange de la reconnaissance par l'Irak des frontières du Chatt al-Arab. Les Kurdes, privés de leur soutien iranien, n'ont d'autre choix que d'accepter l'autonomie telle que proposée en 1974.

LA RÉVOLUTION IRANIENNE (1977-1979)

L'Iran est une monarchie, à la tête de laquelle se trouve depuis 1941 Muhammad Reza Pahlavi (1919-1980), qui a pris en 1967 le titre de *shahinshah* (« roi des rois »). Le *shah* (titre traditionnellement porté par les empereurs perses) bénéficie des redevances que lui versent les compagnies occidentales à qui il a confié l'extraction du pétrole. Cette manne permet à l'Iran un essor économique remarquable qui favorise l'apparition de nouvelles classes sociales, dont la bourgeoisie d'affaires avec laquelle le *shah* doit compter lorsqu'elle revendique certaines libertés politiques.

Ayant éliminé les partis d'opposition, le *shah* réagit par des mesures impitoyables contre quiconque s'oppose à lui, notamment après la découverte, en automne 1972, d'un complot qui le vise lui et la famille royale. Peu de temps après, le régime doit affronter une nouvelle opposition, celle des mouvements religieux chiites et des milieux politiques progressistes. La Savak (police politique) exerce alors une redoutable répression contre les opposants au régime, tandis que de timides tentatives de libéralisation se font sentir.

Tout cela n'empêche pas l'agitation sociale de croître. Dans cette lutte contre le régime, l'op-position religieuse l'emporte sur l'opposition po-litique dès 1978. L'ayatollah Ruhollah Khomeyni (1902-1989) est, depuis 1962, devenu le guide (chiite) religieux du peuple iranien. Il critique ouvertement le *shah* pour sa politique de laïci-sation du pays et par l'éviction des traditions islamiques de la culture iranienne au profit des coutumes antiques perses. Pour le régime, Khomeyni est un agitateur qu'il faut supprimer. Il est arrêté à plusieurs reprises entre 1963 et 1965, puis contrait à l'exil en Turquie et en Irak jusqu'en automne 1978. Mais son influence religieuse est encore trop importante. Le *shah* demande alors à l'Irak l'extradition de l'imam. Ce dernier choisit de s'installer en France, à Neauphle-le-Château.

C'est depuis cette commune française qu'il dirige la révolution en marche, qui a pour but de renverser la monarchie. Les dignitaires religieux chiites et les leaders politiques laïcs opposés au shah se rallient à ses idées. Cette adhésion se traduit, au cours du dernier trimestre de 1978, par la paralysie de l'ensemble de l'activité économique de l'Iran, due à une vague de grèves et aux manifestations qui ont lieu dans tout le pays afin de réclamer le retour de l'ayatollah Khomeyni. Le 16 janvier, le *shah* doit quitter l'Iran avec sa famille pour Le Caire, tandis que le Premier ministre Chapour Bakhtiar (1914-1991) assure la direction du Gouvernement.

Le 1er février 1979, Khomeyni rentre à Téhéran où il est accueilli par des millions d'Iraniens. Les semaines suivantes, de violents affrontements ont lieu entre les forces de l'ordre et les manifestants. Ces événements aboutissent à la fin de la monarchie (12 février 1979). Khomeyni s'installe alors à Qom (ville située à 150 kilomètres au sud-ouest de Téhéran) d'où il lance ses directives en tant que guide suprême de la Révolution. Dans son discours du 1er mars 1979, il proclame sa volonté de rompre avec la civilisation occidentale et affirme les valeurs de l'islam ainsi que la nécessité de maintenir l'unité du peuple afin de reconstruire le pays sur des bases nouvelles. Il insiste également sur la vigilance dont il faut faire preuve à l'égard des ennemis intérieurs et extérieurs, rend obligatoire le port du tchador pour les femmes, et enfin proclame l'instauration d'une République islamique. Celle-ci est adoptée par référendum les 30 et 31 mars 1979. Le 17 août – peu après la prise de pouvoir de Saddam Hussein en Irak – dans un nouveau discours, Khomeyni condamne l'impérialisme ainsi que le sionisme, et menace la presse, les autonomistes kurdes, azéris, arabes, turkmènes ainsi que les intellectuels dévoyés. Il lance en outre des appels aux musulmans du monde entier afin qu'ils créent à leur tour des républiques islamiques, notamment en Irak où se trouve une importante communauté chiite et où les opposants iraniens s'exilent.

TEMPS FORTS

LA SITUATION DE L'IRAK DURANT LA DICTATURE DE SADDAM HUSSEIN

Lors de son avènement en juillet 1979, Saddam Hussein instaure un régime autoritaire, personnel et dictatorial inspiré du modèle soviétique et nazi. Il est constitué d'un parti unique, le Baas, qui est la source du pouvoir politique et militaire, et peut compter sur un appareil sécuritaire ultra répressif. Son pouvoir repose sur les différents cercles concentriques que sont sa famille, la tribu à laquelle il appartient et enfin ses différentes alliances intercommunautaires. Les principales instances du pouvoir, le Parti Baas et le Conseil de commandement révolutionnaire, ne sont que des instruments de la volonté du raïs.

L'Irak connaît, à partir des années soixante-dix, une forte industrialisation grâce au revenu pétrolier du pays, ce qui permet l'émergence d'un niveau de vie comparable à celui des pays européens. Des plans d'action sont menés pour éradiquer l'alphabétisation et l'illettrisme. Sur le plan de la santé, de nombreux hôpitaux et centres de soins sont construits dans toutes les villes du pays. Saddam Hussein lance en outre une campagne de transformation de l'agriculture, accompagnée d'une réforme qui permet la redistribution des terres. Mais derrière toutes ces actions de modernisation du pays se cache la volonté politique de mettre en valeur la personnalité du président ainsi que celle de sa famille et de sa tribu.

Sur le plan religieux, le pays est une république laïque, suivant en cela les principes du Parti Baas ; mais avec la guerre Iran-Irak, Saddam Hussein se tourne de plus en plus vers l'islam. Il se met en scène par le biais de vidéos qui le montrent en train de prier dans les mosquées ou de participer à des fêtes religieuses.

Si l'Irak connaît une bonne stabilité économique jusqu'au milieu des années quatre-vingt, une descente aux enfers s'amorce avec la seconde guerre du Golfe. Les effets de l'embargo commercial et pétrolier, mis en place par l'ONU le 3 mars 1991, sont dévastateurs pour l'économie du pays. Dépossédé de sa principale ressource à l'exportation, le pétrole, et fortement dépendant des importations d'aliments, l'Irak voit son PIB par habitant passer de 2 000 dollars en 1989 à 609 dollars à la fin de l'année 1992. Les Irakiens connaissent la malnutrition, tandis que la mortalité infantile s'accroît entre 1991 et 2003, provoquant la mort d'un million d'enfants de moins de 5 ans.

L'urgence humanitaire et sanitaire de l'Irak pousse l'ONU à mettre en place, par la résolution 986 datée du 14 avril 1995, le programme « pétrole contre nourriture ». Celui-ci permet au pays d'exporter une quantité limitée de pétrole afin de se procurer, sous contrôle international, de la nourriture et des médicaments. Cette formule améliore considérablement les conditions de vie des Irakiens.

À la fin des années quatre-vingt-dix, un travail de réhabilitation des infrastructures, notamment dans le secteur pétrolier, est mené grâce à l'autorisation d'importer des pièces détachées. Le pays est petit à petit désenclavé, et des relations économiques sont de nouveau instaurées avec les Émirats arabes unis et avec la Syrie jusqu'à la chute du régime de Saddam Hussein.

LA GUERRE IRAN-IRAK OU LA PREMIÈRE GUERRE DU GOLFE (1980-1989)

Les tensions entre l'Iran et l'Irak remontent à l'entre-deux-guerres. Elles concernent la région du Chatt al-Arab, nom du fleuve qui fait office de frontière entre l'Iran et l'Irak sur 90 kilomètres. Son statut a été fixé par le traité frontalier en 1937, mais, à la suite de son abrogation par l'Iran en 1969, un nouvel accord est conclu à Alger en 1975 qui modifie légèrement les frontières entre ces deux pays, au détriment de l'Irak. Ce nouveau traité assure en outre une navigation libre dans cette région et donne donc aux bateaux étrangers un accès aux ports irakiens et iraniens.

Mais l'accord est contesté en 1980 par l'Irak, qui décide d'attaquer l'Iran pour restaurer ses droits légitimes sur ce territoire, mais aussi pour faire du golfe Persique un golfe Arabique, en chassant définitivement les Iraniens des îlots qui contrôlent l'accès au détroit d'Ormuz, et surtout pour s'emparer de la province pétrolifère du Khouzistan, nommé Arabistan par les

nationalistes arabes. Mais, derrière ces revendications, d'autres motivations plus politiques
se dessinent : le renversement de la république
islamique d'Iran, l'émergence de l'Irak en tant
que première puissance du Golfe et l'affermis-
sement de l'autorité personnelle, régionale et
internationale de Saddam Hussein.

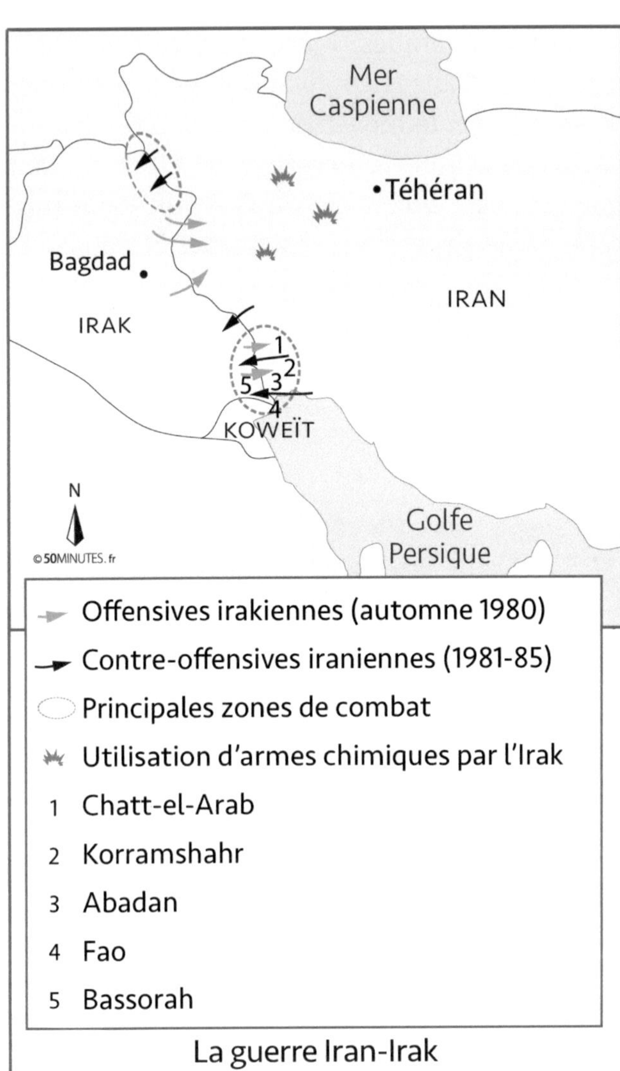

Mer Caspienne
•Téhéran
Bagdad
IRAK
IRAN
5 3 2 1 4
KOWEÏT
Golfe Persique
N
© 50MINUTES.fr
Offensives irakiennes (automne 1980)
Contre-offensives iraniennes (1981-85)
Principales zones de combat
Utilisation d'armes chimiques par l'Irak
1 Chatt-el-Arab
2 Korramshahr
3 Abadan
4 Fao
5 Bassorah
La guerre Iran-Irak

Le 22 septembre 1980, Saddam Hussein décide d'attaquer ouvertement l'Iran en envahissant le Khouzistan. Cette région riche en pétrole est le théâtre d'affrontements violents entre l'aviation et l'artillerie lourde des deux belligérants. Les États-Unis et l'URSS prônent la neutralité dès le début du conflit, alors que l'Organisation des Nations unies appelle les deux parties à une solution négociée. Les États-Unis finissent toutefois par aider militairement l'Irak. Ce dernier obtient aussi le soutien de la Jordanie ainsi que des prêts financiers sans intérêts et des dons de pétrole du Koweït et de l'Arabie saoudite.

Sachant que l'armée iranienne est affaiblie par la révolution islamique, Saddam Hussein croit que la guerre sera rapide. L'Iran offre pourtant une forte résistance, et le conflit s'enlise pendant huit ans. À partir de 1983, l'Irak utilise des armes chimiques sur la population iranienne ainsi que sur les Kurdes, alliés à l'Iran, violant par là même le protocole de Genève de 1925. C'est l'utilisation de ces armes qui pousse l'ayatollah Khomeyni à accepter le cessez-le-feu proposé par le conseil de sécurité de l'ONU le 18 juillet 1988, et entériné le 22, car l'Iran, ne possédant pas cette technologie, craint que son utilisation sur Téhéran ait des conséquences catastrophiques sur sa population.

Le conflit a fait au total 360 000 morts et 700 000 blessés, mais les pertes irakiennes sont trois fois moins élevées que les pertes iraniennes. Après huit années de guerre, l'Irak est toutefois au bord de la ruine : le coût de sa reconstruction est estimé à plus de 60 milliards de dollars.

LA SECONDE GUERRE DU GOLFE (1990-1991)

Les prémices de la seconde guerre du Golfe se profilent dès la fin de la guerre Iran-Irak, à cause de la dette que l'Irak doit rembourser à ses créanciers, notamment au Koweït, et dont le montant s'élève à 15 milliards de dollars. L'Irak, malgré ses réserves pétrolifères, ne peut pas honorer ses créances, car le prix du baril ne cesse d'augmenter à cause de la surproduction des raffineries koweïtiennes. Le raïs essaie par tous les moyens de négocier l'échéance de la dette et de l'atténuer, mais l'émir du Koweït fait la sourde oreille.

Les actions diplomatiques entre les deux pays n'aboutissant à rien de concret, Saddam Hussein change de tactique. Pour alléger la crise économique qui ronge son pays, il décide de conquérir le petit émirat qui était autrefois rattaché à l'Irak (avant 1961). Mais il semble oublier que les États-Unis, qui ont un accord militaire avec le Koweït, peuvent intervenir en sa faveur et attaquer l'Irak. Dans la nuit du 1ᵉʳ au 2 août 1990, Saddam Hussein envoie ses troupes armées envahir son voisin, qui passe sous domination irakienne en seulement cinq heures.

Les réactions internationales sont immédiates : le Conseil de sécurité de l'ONU exige le retrait immédiat et inconditionnel de l'Irak et décrète, quelques jours plus tard, le boycott général de l'Irak ; la Ligue arabe, elle, condamne vivement l'agression irakienne.

Le 7 août, les États-Unis déclenchent l'opération « Bouclier du désert », afin de prévenir une invasion de l'Arabie saoudite, mais cela n'empêche pas l'Irak d'annexer officiellement le petit pays dès le lendemain. Un embargo assorti d'un blocus naval sur la vente du pétrole irakien ne semble pas faire fléchir le raïs. En octobre, les États-Unis, avec le soutien des Nations unies, rassemblent une vaste coalition armée occidentale et arabe pour obtenir l'évacuation du Koweït. Le 29 novembre, le Conseil de sécurité autorise les forces alliées à attaquer l'Irak à partir du 15 janvier 1991 avec l'opération « Tempête du désert ». Il s'agit dans un premier temps de bombarder par les airs les troupes irakiennes au sol, puis, s'il le faut, d'intervenir sur le terrain avec les forces armées terrestres.

Le 17 février 1991, l'opération est lancée ; elle dure une semaine. En l'absence de réaction des Irakiens, les forces alliées lancent leurs troupes terrestres contre l'armée irakienne du Koweït le 24 février. Quatre jours suffisent pour libérer l'émirat. Un cessez-le-feu est mis en place le 3 mars 1991.

Si l'Irak a perdu la guerre, il a aussi perdu son prestige et son autonomie. Il doit en effet désormais se plier aux exigences du Conseil de sécurité des Nations unies qui lui impose une série de résolutions à respecter, dont celles qui permettent à l'Agence internationale de l'énergie atomique de procéder à la destruction de ses armes chimiques, biologiques et balistiques, ainsi que de contrôler en permanence les installations civiles et militaires susceptibles de fabriquer des armes de destruction massive. En parallèle de ce désarmement forcé, doublé d'une surveillance à long terme de son industrie militaire, le pays est soumis à un embargo commercial et pétrolier, à un blocus aérien et maritime, ainsi qu'au paiement des réparations de guerre. En cas de violation de ces principes, l'Irak peut être bombardé. En outre, le territoire irakien est amputé des trois provinces kurdes, situées dans le nord du pays, qui sont placées sous la protection des alliés. L'Irak perd également la libre disposition de son pétrole.

Le régime de Saddam Hussein n'est cependant pas évincé du pays, mais il reste sous tutelle des Nations unies et agit sous l'œil vigilant des Américains et des Européens. Si les missions de contrôle de l'ONU se succèdent chaotiquement jusqu'en 2002, les États-Unis et le Royaume-Uni décident, suite aux attentats du 11 septembre 2001 à New York, de supprimer Saddam Hussein, soupçonné d'avoir des accointances avec al-Qaida en Afghanistan. Pourtant, selon un rapport préliminaire de la commission d'enquête américaine sur les attentats, aucune preuve n'atteste une collaboration entre l'ancien dictateur irakien et le réseau terroriste islamiste. Si Oussama Ben Laden (1957-2011), son principal dirigeant, a brièvement exploré l'idée de nouer des liens avec l'Irak au milieu des années quatre-vingt-dix, il était fondamentalement hostile à un gouvernement arabe laïc. De plus, Bagdad n'a jamais répondu à ses demandes. Le Gouvernement soudanais, qui a abrité al-Qaida de 1991 à 1996, a tenté de rapprocher cette organisation de l'Irak, mais sans succès. Il a persuadé Ben Laden de cesser de soutenir les opposants à Saddam Hussein et a essayé d'organiser des rencontres avec le raïs, mais elles n'ont débouché sur aucune coopération.

L'opération a toutefois bel et bien lieu et s'achèvera avec la capture de Saddam Hussein qui sera jugé pour ses crimes et condamné à mort.

RÉPERCUSSIONS

UN PAYS PLONGÉ DANS LE CHAOS

L'occupation américaine en Irak (2003-2011)

Le 22 mai 2003, la résolution 1483 de l'ONU met fin aux sanctions internationales et donne aux États-Unis et au Royaume-Uni le contrôle de l'avenir de l'Irak. Une administration civile est alors instaurée, dirigée par l'Américain Paul Bremer (né en 1941), qui comprend plusieurs milliers de fonctionnaires américains et britanniques. Ce diplomate de carrière gouverne par décrets depuis l'ancien palais de Saddam Hussein au cœur de Bagdad et exporte le pétrole irakien dont il alloue les revenus à sa guise. Il ordonne également une purge aveugle des administrations publiques majoritairement baasistes et dissout l'ensemble des forces armées irakiennes ainsi que la police.

Cette épuration est mal perçue par une grande partie des sunnites et des baasistes, qui s'opposent militairement à la coalition américano-britannique. Ils sont aidés par plusieurs centaines d'islamistes étrangers venus mener le djihad contre l'Amérique. Aussi, à mesure que des attaques ont lieu, l'occupation se durcit : représailles et raids contre la guérilla se multiplient, aliénant davantage la population arabo-sunnite.

Aujourd'hui, le mot arabe *djihad* est majoritairement employé au sens de « guerre sainte ». Pourtant, ce mot ancien dont la signification a beaucoup évolué au cours du temps recouvre une notion complexe, qui va de la résistance intérieure en vue de rester dans le chemin de Dieu à la lutte armée pour étendre la religion du prophète Mahomet au monde entier, ou le défendre contre les dissidences.

Face à la pression internationale, l'administration américano-britannique consent à la formation d'un Conseil intérimaire de gouvernement ayant pour objectifs de préparer un gouvernement irakien de transition – qui jouirait des attributs de la souveraineté – et de lancer le processus d'adoption d'une constitution définitive.

Le transfert de souveraineté se fait lentement. Le 28 juin 2004, avant de quitter l'Irak, Paul Bremer remet le pouvoir à un gouvernement intérimaire dirigé par Iyad Allaoui (né en 1944), un ancien exilé proche de la CIA. Les forces d'occupation restent toutefois en place et ont toute liberté d'action sur le sol irakien. En janvier 2005, une Assemblée constituante est élue dans un climat de violence. Elle est dominée par les partis islamistes chiites qui portent à la présidence de l'Irak, le 6 avril 2005, le Kurde Jalal Talabani (né en 1933), tandis que le chef du parti chiite Al-Da'wa (Parti de l'appel islamique), Ibrahim al-Jaa-fari (né en 1947), devient Premier ministre. Le 15 octobre 2005, une Constitution consacre le principe du fédéralisme en Irak – dont les différentes entités fédérées doivent cependant encore être arrêtées – et, le 15 décembre 2005, une Assemblée législative est élue. Un gouver-nement dirigé par le numéro deux du parti Al-Da'wa, Nouri al-Maliki (né en 1950), voit le jour après plusieurs mois de crise.

En mai 2006, ce dernier assiste, impuissant, à la montée du pouvoir milicien et aux affrontements interconfessionnels et intercommunautaires favorisés par la présence de groupes extrémistes proches d'al-Qaida sur son territoire. Pour enrayer la violence qui détruit les fondations mêmes de l'État que Washington entend asseoir en Irak, une nouvelle stratégie est mise en place. Il s'agit de renforcer le nombre de troupes américaines sur le territoire irakien, tout en évitant un emploi disproportionné des armes à feu. L'objectif consiste à sécuriser la population par une présence durable et à permettre une amorce de reconstruction économique tout en enrayant la guérilla sunnite. Les résultats de ces opérations sécuritaires sont probants. Les États-Unis, voyant leur espoir de stabilité gouvernementale s'ancrer en Irak, décident de se désengager du théâtre irakien. Le 18 décembre 2011, après neuf ans d'occupation, les 500 derniers soldats américains quittent enfin l'Irak.

Un pays fragilisé par des tensions intestines

Ils laissent au Premier ministre Nouri al-Maliki le soin d'unifier et de reconstruire le pays sur des bases politiques et économiques solides. Mais ce dernier utilise les ressources étatiques à sa disposition pour consolider son assise personnelle, reproduisant les actions de Saddam Hussein. Face à ce renforcement du pouvoir du Premier ministre, les Kurdes restent vigilants et méfiants, tandis que le Parlement s'avère incapable d'arbitrer les conflits structurels concernant le partage du pouvoir, du territoire et des ressources, tant les dissensions entre les différents partis sont fortes.

Au cours de son second mandat (décembre 2010-août 2014), Nouri al-Maliki met en place un cabinet d'union nationale, composé de Kurdes, de sunnites et de chiites. Mais cette union ne fonctionne pas et finit par produire graduellement une paralysie politique et administrative générale. Pour redresser la situation, al-Maliki concentre davantage de pouvoirs entre ses mains : outre le poste de Premier ministre et de commandant en chef des forces armées, il cumule les portefeuilles de ministre de l'Intérieur et de la Défense. Lorsque, à la faveur du Printemps arabe qui voit le jour en Tunisie en décembre 2010, des manifestations contre le chômage et la pauvreté éclatent dans plusieurs grandes villes (Bagdad, Mossoul et Bassorah notamment), la répression se fait de plus en plus brutale. Petit à petit, le Gouvernement s'aliène les populations sunnites en réprimant les leaders des partis politiques issus de ses rangs. Aussi, à la fin de l'année 2012, la mobilisation populaire sunnite s'organise contre lui avec une campagne de désobéissance civile et la mise en place de sit-in permanents sur les grandes places des villes sunnites. Mais, à nouveau, les mouvements pacifiques sont réprimés dans la violence comme à Falloujah, Mossoul et Houweijah.

En juillet 2014, un Kurde du nom de Fouad Massoum (né en 1938) est élu président de la république de l'Irak par le Parlement et confie à Haïder al-Abadi (né en 1952) le soin de former un nouveau gouvernement. Cependant, Nouri al-Maliki souhaite briguer un nouveau mandat de Premier ministre. Durant l'été 2014, un bras de fer s'instaure entre les deux hommes.

Finalement, Nouri al-Maliki est contraint de laisser le poste de Premier ministre à son adversaire. Ce dernier s'engage alors dans une politique de réforme timide qui mécontente la population irakienne. Des manifestations civiles ont lieu dans les principales villes irakiennes entre les mois d'août et de septembre 2015. Les insurgés demandent à Haïder al-Abadi d'agir vite en mettant en chantier de véritables réformes ou de quitter son poste. Au jour d'aujourd'hui, les Irakiens sont majoritairement convaincus que le Premier ministre est incapable de mener de réelles réformes en raison du système politique des quotas communautaires et partisans qui répartit les postes-clés de l'État, sans parler de la guerre contre Daech, une organisation terroriste islamiste, et de son coût élevé.

De son côté, le chef du Mouvement national irakien (coalition politique à tendance laïque), Ayad Allawi (né en 1944), appelle à changer le Premier ministre et à désigner à sa place un homme capable de mener les réformes, un homme non autoritaire, rassembleur et respectueux de la concordance nationale, de la Constitution et des lois afin de sauver le pays en ne marginalisant aucune force politique.

LA POUSSÉE DE L'ÉTAT ISLAMIQUE (DAECH)

Les tensions internes en Irak et le glissement du soulèvement syrien vers une guerre civile enflamment les régions sunnites d'Irak et créent un contexte favorable à la résurgence des groupes armés qui avaient combattu l'occupation américaine. La province d'Al-Anbar, à l'ouest de la capitale, devient le premier théâtre d'affrontements avec l'armée irakienne. La population tente en masse de quitter le pays en se réfugiant dans la province syrienne, de l'autre côté de la frontière, qui s'est soulevée contre Bachar al-Assad (né en 1956), le président de la république de Syrie.

Ce contexte permet la montée en puissance de l'État islamique en Irak (EII), né du regroupement de vétérans d'al-Qaida et de l'ancienne armée de Saddam Hussein. En 2013, il fusionne avec un groupe d'insurgés syriens et devient l'État islamique en Irak et au Levant (EIIL ou Daech, son acronyme arabe). Ce dernier multiplie les attentats sur le territoire irakien et mène des opérations spectaculaires contre le pouvoir central, ses représentants et ses institutions.

Malgré des représailles et des bombardements de la part du Gouvernement de Nouri al-Maliki, Daech parvient à prendre Mossoul, la deuxième ville sunnite d'Irak, le 10 juin 2014.

Face à cette menace qui pèse sur le Proche et le Moyen-Orient, les États-Unis et les pays de l'OTAN s'engagent dans un bras de fer avec les djihadistes en Irak. Nouri al-Maliki est accusé par les Américains d'avoir favorisé cette poussée extrémiste islamique. Par conséquent, en accord avec l'Iran, les États-Unis lui retirent leur soutien politique. Il quitte alors la scène politique. En juillet 2014, Fouad Massoum est élu président de la république de l'Irak par le Parlement.

De son côté, l'État islamique s'appuie sur les sunnites, dans les régions qu'ils ont conquises, pour implanter le califat islamique qui œuvre pour le redressement économique et politique de la région, tout en s'opposant aux chiites et à l'Iran. Quant aux Kurdes, ils soutiennent la coalition occidentale en s'opposant ouvertement à Daech, accentuant ainsi leur unité et leur volonté de se soustraire à Bagdad et d'obtenir l'indépendance de leur État.

Dès l'été 2014, la coalition américano-européenne effectue des frappes contre Daech en Syrie et en Irak, qui se sont intensifiées à la suite des fusillades qui ont eu lieu à Paris en novembre 2015. Depuis le début de ces opérations militaires, 22 000 djihadistes ont été tués dans les deux pays. Daech commence à montrer des signes d'affaiblissement suite aux attaques menées par les Américains et les Européens, aidés de la Russie, sur leurs infrastructures pétrolières, manne essentielle pour financer la guerre en Syrie et en Irak.

Sur le territoire irakien, les Kurdes lancent dès le mois de novembre 2015 une offensive depuis les monts Sinjar, afin de reprendre la ville ainsi qu'une route majeure reliant Mossoul à la Syrie. Le succès de l'opération est rendu possible grâce à une jonction des forces kurdes irakiennes des Peshmergas, des miliciens yézidis, des YPG kurdes syriens (la branche armée du Parti syrien de l'union démocratique kurde) et des Kurdes turcs du Parti des travailleurs du Kurdistan (PKK), soutenus par des frappes aériennes de la coalition. Les combattants qui ont repris Sinjar y ont découvert un charnier, témoignant à nouveau des massacres auxquels se livre Daech dans les territoires conquis. Le groupe terroriste est aussi en recul dans les environs de Bagdad.

En avril 2015, les forces armées irakiennes, appuyées par des milices chiites, reprennent la ville de Tikrit aux djihadistes après une quinzaine de jours de siège. En décembre 2015, l'armée irakienne affronte Daech à Ramadi, à 100 kilomètres à l'ouest de Bagdad. À la fin du mois, les forces irakiennes atteignent le centre de la ville, tandis que la coalition continue de bombarder les autres quartiers tenus par les islamistes. En ce début d'année 2016, l'avenir du pays est toujours incertain...

EN RÉSUMÉ

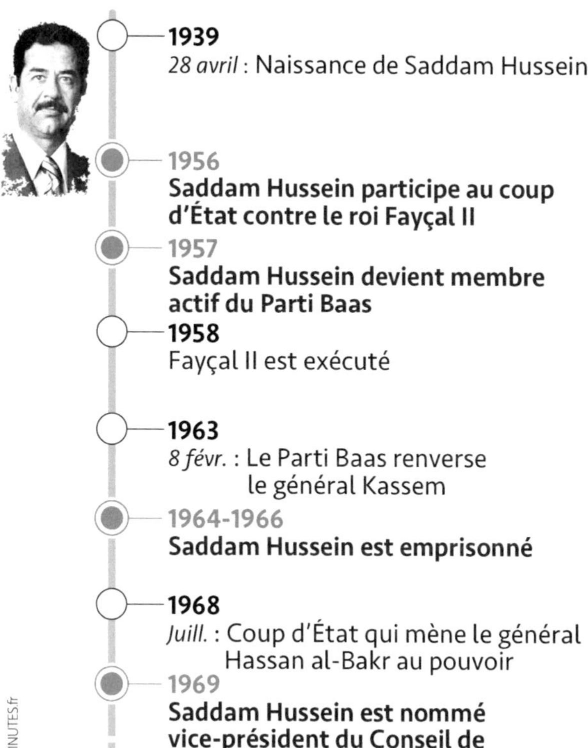

1939
28 avril : Naissance de Saddam Hussein

1956
Saddam Hussein participe au coup d'État contre le roi Fayçal II

1957
Saddam Hussein devient membre actif du Parti Baas

1958
Fayçal II est exécuté

1963
8 févr. : Le Parti Baas renverse le général Kassem

1964-1966
Saddam Hussein est emprisonné

1968
Juill. : Coup d'État qui mène le général Hassan al-Bakr au pouvoir

1969
Saddam Hussein est nommé vice-président du Conseil de commandement de la révolution

1979
16 juill. : **Saddam Hussein est élu président de la République irakienne**
28 juill. : Saddam Hussein fait exécuter 21 de ses proches

1980-1988
Guerre Iran-Irak

1989
16 févr. : Saddam Hussein crée le Conseil de coopération arabe

1990
1er-2 août : **Saddam Hussein envahit le Koweït**

1991
17 janv.-24 févr. : Opération « Tempête du désert »

2003
9 avril : L'Amérique et la Grande-Bretagne attaquent l'Irak
14 déc. : **Saddam Hussein est capturé**

2005-2006
Procès de Saddam Hussein

2006
30 déc. : **Saddam Hussein est exécuté**

- Saddam Hussein est issu d'une famille paysanne. Recueilli par l'un de ses oncles, il intègre le Parti Baas et participe au coup d'État visant à détrôner le roi Fayçal II, mais l'action est avortée.

- Un nouveau coup d'État est prévu deux ans plus tard, qui mène à l'exécution du roi et d'une partie de sa famille. La république d'Irak est instaurée avec à sa tête le général Kassem.
- Cinq ans plus tard, en février 1963, le général Kassem est assassiné par le Parti Baas. Le général Aref prend alors le pouvoir avec le soutien des baasistes, qu'il chasse dès le mois de novembre, ceux-ci fomentant un coup d'État pour le renverser. Saddam Hussein est dès lors contraint à la clandestinité.
- Le 17 juillet 1968, le palais présidentiel est entouré par les forces du parti : Abdel Rahman Aref est contraint de se rendre. Le duo Ahmed Hassan al-Bark et Saddam Hussein – les meneurs de l'attaque – s'empare du pouvoir.
- Rassemblant de plus en plus de pouvoir entre ses mains, Saddam Hussein pousse Ahmed Hassan al-Bakr à prendre sa retraite le 16 juillet 1979 et récupère la présidence de la République.
- Commence alors une dictature longue d'une vingtaine d'années, durant laquelle

Saddam Hussein n'aura de cesse de combattre ses opposants en menant des purges. Aidé par la propagande, il développe autour de sa personne un véritable culte, à l'instar de Staline (homme d'État soviétique, 1878-1953).

- Le 17 septembre 1980, en réponse à quelques querelles frontalières et pour éviter l'influence de la République islamique iranienne sur la communauté chiite irakienne, Saddam Hussein attaque l'Iran.
- Alors qu'il s'attendait à une guerre éclair, le conflit s'enlise. Il faudra huit ans pour que l'Iran cède sous la pression internationale.
- Désireux de dominer les pays arabes et de faire naître une nouvelle Babylone, Saddam Hussein est freiné dans son projet en raison de la lourde dette qu'il doit verser au Koweït suite au conflit Iran-Irak. Les discussions avec le petit État n'aboutissant à rien, il décide de l'envahir dans la nuit du 1er au 2 août 1990.
- Après avoir lancé plusieurs avertissements, l'ONU décide d'intervenir militairement : c'est le début de la seconde guerre du Golfe.
- Contraint et forcé, Saddam Hussein annonce son retrait du Koweït le 26 février 1991.

- Le 3 mars 1991 est acté le cessez-le-feu entre la coalition alliée et l'Irak. Ce dernier, complètement exsangue, est soumis à de lourdes sanctions : désarmement forcé, embargo total, perte d'une partie de son territoire, mise sous tutelle du pays par l'ONU, etc.

- Son pays plongé dans la pauvreté et son peuple souffrant de famine, Saddam Hussein n'a d'autre choix que d'accepter le 9 décembre 1996 la résolution 986, dite « pétrole contre nourriture ».

- Suite aux attentats du 11 septembre 2001, les troupes américano-britanniques envahissent l'Irak. Saddam Hussein, soupçonné d'avoir des relations avec al-Qaida, est pourchassé.

- Le 14 décembre 2003, il est arrêté à Tikrit et emprisonné jusqu'à la tenue de son procès qui le déclarera coupable de crimes contre l'humanité.

- Il est pendu le 30 décembre 2006.

Votre avis nous intéresse !
Laissez un commentaire sur le site de votre
librairie en ligne et partagez vos coups de cœur sur
les réseaux sociaux !

POUR ALLER PLUS LOIN

SOURCES BIBLIOGRAPHIQUES

- ABURISH (Saïd K.), *Le vrai Saddam Hussein*, Paris, Édition Saint-Simon, 2002.

- AL RACHID (Loulouwa), DUMORTIER (Brigitte), RONDOT (Philippe) et ROSSI (Pierre), « Irak », in *Encyclopædia Universalis*, consulté le 21 octobre 2015. www.universalis.fr/encyclopedie/irak/

- BARAN, (David), « La guerre d'Irak : la stratégie du faible face à la puissance américaine », in *Politique étrangère*, no 2, 2003, p. 395-408.

- BENRAAD (Myriam), *Irak, la revanche de l'histoire. De l'occupation étrangère à l'État islamique*, Paris, Éditions Vendémiaires, 2015.

- BONNER (Michael), *Le Jihad. Origines, interprétations, combats*, Paris, Téraèdre, coll. « L'islam en débat », 2004.

- FAVEREAU (Corentin de), *La guerre Iran-Irak. Saddam Hussein et le rôle controversé des États-Unis*, Bruxelles, Lemaître Publishing, coll. « 50MINUTES.fr », 2014.

- GUEYRAS (Jean), « L'Irak après sept ans de guerre », in *Politique étrangère*, no 2, 1987, p. 317-325.

- MALBRUNOT (Georges) et CHESNOT (Christian), *L'Irak de Saddam Hussein, portrait total*, Paris, Édition n° 1, 2003.

- OKEKE-IBEZIM (Felicia), *Saddam Hussein, a Legendary Dictator*, Washington, 2006.

- PICARD (Elisabeth), « L'Iraq de Saddam Hussein : de l'ambition modernisatrice à la logique sécuritaire », in *Revue du monde musulman et de la Méditerranée*, n° 62, 1991, p. 42-45.

- RAHIER (Gilles), *L'opération « Tempête du désert ». 1991, quand Saddam Hussein envahit le Koweït*, Bruxelles, Lemaître Publishing, coll. « 50MINUTES.fr », 2014.

- « Sadam, le meilleur ennemi de l'Amérique », documentaire de *Sunset Presse*, 2005.

- SASSOON (Joseph), *Saddam Hussein Ba'th Party: Inside an Authoritarian Regime*, New York, Cambridge University Press, 2012.